Milet Publishing
Smallfields Cottage, Cox Green
Rudgwick, Horsham, West Sussex
RH12 3DE England
info@milet.com
www.milet.com
www.milet.co.uk

First English–Somali edition published by Milet Publishing in 2013

Copyright © Milet Publishing, 2013

ISBN 978 1 84059 799 8

Original Turkish text written by Erdem Seçmen
Translated to English by Alvin Parmar and adapted by Milet

Illustrated by Chris Dittopoulos
Designed by Christangelos Seferiadis

Printed and bound in Turkey by Ertem Matbaası

My Bilingual Book

# Sight

# Aragga

English–Somali

**How do we see colors on a butterfly's wings?**

Maxaynu ku aragnaa midabbada baalasha balanbaalista?

**Let's think about how we see things . . .**

Bal aan ka fakarno sidaynu wax u aragno

**Our eyes show us everything, like faces,**

Indheheennu wax walbay na tusaan, sida wajiyada,

**colors, actions, places . . .**

midabbada, falalka, meelaha . . .

**Giraffe has a coat of brown spots on yellow.**

Gerigu wuxuu qabaa jaakad dhiin ah oo baro huruud ah leh.

**Watch him bend to say hello!**

Daawo isagoo is godaya oo leh iska warran!

**Our eyes can show our feelings.**

Indheheennu dareenkeenay muujin karaan.

**We see Panda's eyes are smiling.**

Waxaan aragnaa indhaha baandadu inay qoslayaan.

**To see, we need more than our eyes.**

Si aan wax u aragno, indheheenna iyo waxyaabo kale baan u baahannah

**We need light at night to help us spy.**

Si aan habeenkii  wax u basaasno iftiin baan u baahannahay.

**Owl can see in a different way.**

Guumaystu dhinacyo badan bay wax ka aragtaa.

**Even in the dark, he can spot his prey.**

Mugdiga xataa ugaarteeda way aragtaa.

**Seeing through glasses? Now I'm perplexed!**

Muraayadaa wax laga dhex arkaa? Waan ku wareeray!

**When our eyes need help, we give them specs!**

Marka indheheennu gargaar u baahdaan, qolof baan siinaa!

**Tears are not only for sad or happy,**

Ilmadu murugada ama farxadda kaliya maaha,

**they help keep our eyes moist and healthy.**

indheheenna ayay qoysaa caafimaadna waa u tahay.

**Our eyelids spread our tears when we blink,**

Baalasha indheheennu ilmaday qaybiyaan markaan il-briqsanno,

**and we use them to sleep and to wink!**

hurdadana waan u kaalmaysannaa iyo il-jabintaba!

**We close our eyes when we're asleep in bed,**

Indheheenna waan isku-laabnaa marka aan seexanno,

**but in our dreams, we may see orange, green, red . . .**

ha yeeshee riyadaan ku aragnaa burtuqaali, cagaar iyo guduud . . .